Vente du Lundi 11 Avril 1870

TABLEAUX

ANCIENS

EXPOSITIONS

PARTICULIÈRE : Le Dimanche 10 Avril 1870, de 1 heure à 5 heures.
PUBLIQUE : Le Lundi 11 Avril 1870, de midi à 3 heures.

NOTA — Le présent Catalogue servira de carte d'entrée
à l'Exposition particulière

Mᵉ EUGÉNE ESCRIBE	MM. DHIOS ET GEORGE
COMMISSAIRE-PRISEUR	EXPERTS

PARIS — 1870

EXEMPLAIRE DE

RENOU ET MAULDE

IMPRIMEURS DE LA COMPAGNIE DES COMMISSAIRES-PRISEURS

Rue de Rivoli, 144.

CATALOGUE

DE

15 TABLEAUX

ANCIENS

ŒUVRES IMPORTANTES

PAR

Bassano, Bonifazio
Borgognone, G. de Crayer, Ghirlandajo, Giordano, Lievens
Maratti, Morone, Jules Romain
Rosso del Rosso, Rubens, Tiepolo, Perino del Vaga
Joseph Vernet

ET

AUTRES BONS TABLEAUX

DES DIFFÉRENTES ÉCOLES

Provenant de la Collection de M. P***

DONT LA VENTE AUX ENCHÈRES PUBLIQUES AURA LIEU

HOTEL DROUOT, SALLE N° 3

Le Lundi 11 Avril 1870

A TROIS HEURES

Par le ministère de Mᵉ **Eugène ESCRIBE**, Commissaire-Priseur,
rue de Hanovre, 6,
Assisté de MM. **DHIOS** et **GEORGE**, Experts, rue Le Peletier, 33.

EXPOSITIONS

PARTICULIÈRE	PUBLIQUE
Le Dimanche 10 Avril, de 1 h. à 5 h.	Le Lundi 11 Avril, jour de la Vente, de midi à 3 h.

PARIS — 1870

CONDITIONS DE LA VENTE

Elle sera faite au comptant.

Les Acquéreurs paieront, en sus des adjudications. **CINQ POUR CENT**.

DÉSIGNATION

BASSANO
(JACOPO DA PONTE)

1 — Portrait d'un sénateur vénitien.

Vu à mi-corps, il est revêtu d'un ample manteau de velours rouge, bordé d'hermine; sa barbe et ses cheveux sont gris.

Toile. — H. 1 m. L. 85 c.

BONIFAZIO

2 — La Femme adultère.

Jésus entouré des Scribes et des Pharisiens indique à l'un d'eux, qui se baisse pour mieux voir, les mots qu'il vient de tracer sur le sable. Devant lui se tient la femme adultère, les yeux baissés, les mains croisées sur la poitrine, dans l'attitude du repentir. Dans le fond; à gauche, des palais d'une riche architecture; à droite, une campagne accidentée.

Page magistrale de l'École vénitienne où l'on ne compte pas moins de trente personnages vus en pied; elle est d'une coloration chaude et harmonieuse, tout à fait analogue à celle du Titien.

Toile. — H. 1 m. 75 c. L. 3 m. 40 c.

BORGOGNONE

(AMBROGIO)

3 — Mariage mystique de sainte Catherine.

Marie est assise sous un dais dont la draperie rouge est relevée, de chaque côté d'elle, par un ange; elle soutient l'Enfant Jésus qui s'apprête à passer l'anneau nuptial au doigt de sainte Catherine, debout devant lui.

La candeur empreinte sur les physionomies, la grâce ingénue de tous les mouvements, séduisent dans cet agréable tableau de chevalet, comme dans la plupart des productions de l'École milanaise.

Bois. — H. 63 c. L. 49 c.

CRAYER

(GASPARD DE)

4 — Sainte Madeleine.

A demi-nue, les jambes recouvertes d'une draperie rouge, elle est assise sur un rocher et tient un crucifix à la main; ses regards sont élevés vers le ciel. Figure de grandeur naturelle.

Production remarquable de l'École flamande et digne de Rubens, à qui elle était attribuée.

Toile. — H. 1 m. 90 c. L. 1 m. 15 c.

GHIRLANDAJO

(RIDOLFO)

5 — La sainte Famille.

Deux bergers sont en adoration devant l'Enfant
Jésus qui repose à terre appuyé sur un coussin;
à gauche, la Vierge et saint Joseph; fond de
paysage.

Toile. — H. 1 m. 85 c. L. 1 m. 48 c.

GIORDANO

(LUCA)

6 — Portrait de l'auteur.

L'Artiste s'est représenté de face, à mi-corps,
sous l'accoutrement d'un philosophe cynique,
tenant à la main droite un rouleau de papier et
indiquant de la gauche un manuscrit placé sur
une table devant lui.

Superbe portrait, d'une facture large et moel-
leuse, qui rappelle la belle exécution de Mu-
rillo, dans sa seconde manière.

Toile. — H. 1 m. 28 c. L. 1 m.

LIEVENS

(JEAN)

7 — Jeune Seigneur et sa Compagne faisant l'aumône à des bohémiens.

Peinture franche et vigoureuse qui, dans certaines parties, se ressent de l'influence de Rembrandt dont Lievens était condisciple et ami.

Toile. — H. 1 m. 60 c. L. 2 m. 15 c.

MARATTI

(CARLO)

8 — Saint François en extase.

Dans un site aride, le Saint agenouillé étend les bras vers le Christ qui lui apparaît dans le ciel, cloué sur la croix. Près de lui, un religieux du même ordre, est assis à terre, absorbé dans la méditation des saintes écritures.

Œuvre très-remarquable et dans un parfait état de conservation; elle est encadrée d'une riche bordure en bois sculpté du temps de Louis XIV.

Toile. — H. 1 m. 70 c. L. 1 m. 26 c.

MORONE

(GIAN BATTISTA)

9 — **Portrait d'un jeune homme de la famille patricienne Albani, de Bergame.**

Accoudé du bras gauche sur un livre placé sur une table recouverte d'un tapis de soie verte et tenant à la main droite une tige de jasmin, il est représenté debout, à mi-jambe, et la tête tournée de trois quarts.

Il est vêtu d'un justaucorps de soie noire, à collet montant, serré à la taille par une ceinture de cuir à boucle d'acier. Ses cheveux sont courts, sa moustache est blonde et peu fournie.

Noblesse de pose, puissance de modelé, vérité de coloris, ampleur de facture se réunissent ici pour donner la vie à cet admirable portrait.

Toile. — H. 1 m. L. 82 c.

Galerie du comte Lochis, de Bergame.

ROMAIN

(JULES)

10 — **La sainte Famille et plusieurs Saints.**

A travers le voile des vieux vernis qui recouvrent ce tableau, il est facile de reconnaître une œuvre d'une grande allure, et un style mâle et important qui n'appartient qu'à Jules ROMAIN.

Bois. — H.   c. L.   c.

ROSSO DEL ROSSO

14 — La sainte Famille.

Marie, saint Joseph et l'Enfant Jésus qui se retourne vers sainte Catherine debout, derrière ce groupe.

La fierté du dessin, le style sévère et le grand caractère des figures, expliquent l'attribution de Michel-Ange qui avait été donnée à ce beau tableau.

Bois. — H. 93 c. L. 74 c.

RUBENS

(PIERRE-PAUL)

12 — Hérodiade.

Sa jeune fille Salomé auprès d'elle, Hérodiade reçoit dans un plat la tête de saint Jean-Baptiste que lui présente le bourreau.

D'un coloris brillant et argentin, d'une exécution ferme et facile, ce beau tableau est digne en tous points de la glorieuse attribution que nous avons cru devoir lui conserver.

Toile. — H. 1 m. 60 c. L. 1 m. 10 c.

TIEPOLO

(JEAN-BAPTISTE)

13 — Le Christ montant au Calvaire.

Le moment représenté est celui où Jésus s'affaisse sous le poids de la croix.

Cette composition, capitale par le nombre des personnages, est remplie de mouvement et exécutée avec la verve et l'esprit de la touche qui caractérisent les productions du célèbre artiste vénitien.

Toile. — H. 1 m. 8 c. L. 1 m. 28 c.

VAGA

(PIERINO DEL)

14 — La Vierge, l'Enfant Jésus et saint Jean.

Marie soutient des deux mains l'Enfant Jésus debout sur son berceau et se tourne vers le petit saint Jean qui présente à son jeune maître la banderole avec la légende : *ecce agnus Dei*.

OEuvre remarquable de l'école de Raphaël, d'un grand style et d'une agréable composition.

Bois. — H. 86 c. L. 70 c.

VERNET

(JOSEPH)

15 — Marine; tempête.

Au premier plan, plusieurs personnages accourent au secours de naufragés qui arrivent dans une chaloupe; à gauche, une tour et diverses constructions échelonnées sur un amas de rochers; à droite, dans le fond, un navire et une barque battus par la tempête.

Toile. — H. 85 c. L. 1 m. 70 c.

TABLEAUX

Provenant de la Collection de M. P***

BATONI (Pompéo)

16 — Portrait d'un jeune seigneur.

Vu à mi-jambe, accoudé sur un piédestal, il est vêtu d'un gilet et d'un habit bleu garni de boutons et de parements d'or.

Toile — H. 97 c. L. 73 c.

BEGA (Corneille)

16 *bis*. — Scène de cabaret.

Toile. — H. 35 c. L. 30 c.

BEGYN (Abraham)

17 — Le Maréchal-Ferrant.

Toile. — H. 78 c. L. 74 c.

BOURDON (Sébastien)

18 — La Visitation.

Toile. — H. 95 c. L. 72 c.

BRISSOT (F.)

19 — Rentrée des moutons à la bergerie.

Bois. — H. 45 c. L. 55 c.

CARRACHE (Annibal)

20 — Tête de proportion colossale.

Magnifique étude pour le Polyphême de la galerie Farnèse,
exécutée sous l'influence des œuvres du Corrège.

Toile. — H. 1 m. L. 75 c.

CARRÉ (Michel)

21 — Animaux à l'abreuvoir, près d'une fontaine monu-
mentale.

Toile. — H. 30 c. L. 40 c.

DYCK (Philippe Van)

22 — Portrait d'une dame hollandaise.

Représentée de face en robe de satin rose, elle est assise près
d'une fenêtre donnant sur un parc.

Toile. — H. 49 c. L. 39 c.

FRANCK (François)

23 — Le mauvais Riche.

Bois. — H. 48 c. L. 75 c.

GOYEN (Jan Van)

24 — Canal de Hollande.

Des cabanes rustiques entourées d'arbres s'élèvent au bord d'une rivière, où l'on voit un pêcheur dans une barque.

Bois. — H. 42 c. L. 62 c.

HEEM (De)

25 — Nature morte.

Un vidrecome en vermeil, plusieurs grappes de raisin, un verre à pied et une tranche de citron, dans un plat de métal, sont déposés sur une table en partie recouverte d'un tapis.

Toile. — H. 67 c. L. 49 c.

MAAS (Nicolas)

26 — La Nativité de Jésus.

Toile. — H. 65 c. L. 60 c.

MARATTI (Carlo)

27 — L'Apothéose de sainte Thérèse. Motif de plafond.

Toile, forme circulaire, 88 c.

METTAY

28 — Naufrage près de Naples.

Ce tableau, peint dans la manière de Joseph Vernet, a été gravé par de Longueil.

Toile. — H. 45 c. L. 65 c.

PANNINI (Jean-Paul)

29 — Architecture.

Auprès d'un ancien temple à colonnes, en partie masqué par des arbres, plusieurs pâtres sont arrêtés parmi des débris d'architecture.

Toile. — H. 75 c. L. 1 m.

REYNOLDS

30 — Tuilerie; effet du soir.

Toile. — H. 62 c L. 75 c.

STRY (Jacques Van)

31 — Deux Cavaliers au milieu d'un paysage.

Bois. — H. 47 c. L. 64 c.

SWANEVELT (Attribué à HERMAN)

32 — Paysage avec bestiaux traversant un pont.

Bois. — H. 28 c. L. 37 c.

TASSI (AGOSTINO)

33 — Paysage ; site italien.

Toile. — H. 96 c. L. 75 c.

TERBURG (Ecole de)

34 — Scène d'intérieur; jeune femme se lavant les mains.

Toile. — H. 61 c. L. 51 c.

WEENIX ? (JAN)

35 — Oiseaux morts.

Ils sont déposés à terre, confiés à la garde d'un chien.

Toile. — H. 97 c. L. 77 c.

RENOU et MAULDE, Imprimeurs de la Compagnie des Commissaires-Priseurs, rue de Rivoli, 144.   3220